JESSICA LEKERMAN

Donuts

Clásicas, horneadas y Cronuts
Más de 30 recetas deliciosas

Por Jessica Lekerman
Fotos de Virginia Sar
Prólogo de Juliana López May

Cute

INTRODUCCIÓN

¿Por qué Donuts? En los últimos años, la tendencia fue utilizar en pastelería muffins, macarons, cupcakes, whoopies, pop cakes y demás postres individuales con mucho colorido. Y creo que la nueva tendencia en este sentido son las donuts. Porque son preparaciones dulces, que podemos hacer en casa y resultan atractivas en fiestas, ya que se pueden decorar, tematizar y saborizar de muchas maneras. Recientemente, las donuts se convirtieron también en una propuesta gourmet, con combinaciones de sabor más exóticas u osadas, y hasta fueron preparadas con diferentes formas más allá de las clásicas redondas.

En los Estados Unidos, las donuts son consideradas "comfort food", parte de ese repertorio de comidas que remiten a emociones, momentos satisfactorios, porque las preparaban abuelas o parientes, sin reparar tanto en conteo de calorías o colesterol. Pero también he advertido que en ese país están creciendo los establecimientos que solamente las cocinan horneadas, y hasta en algunos casos con ingredientes exclusivamente orgánicos o gluten-free o veganos, siguiendo una búsqueda global de mejorar la alimentación que se inició hace mucho más de una década.

Para mí, el proyecto de presentar las donuts en este libro surgió como un desafió en desarrollar un área de la gastronomía que adoro y que consiste en ser "FOOD DESIGNER", lo que para mí implica no sólo imaginar las recetas, su combinación de sabores e ingredientes y su preparación, sino también cómo servir el producto terminado, en qué recipiente, cómo combinar telas, cómo incorporar el arte a la comida… En definitiva, ser *food designer* se trata de acompañar las recetas y los platos con un diseño y una historia.

Por ello es que me embarqué en éste, mi primer libro. Y en virtud de mi tendencia a una alimentación más sana trato de sugerir siempre opciones veganas, gluten free y hasta hay un capítulo llamado "SUPER SALUDABLES" con donuts sanas de sabores increíbles.

Pero también me gusta divertirme en la cocina, y con las donuts (y la crianza de mi hija Juana, hoy con 2 años) la creatividad y la búsqueda de alternativas más llamativas y divertidas para presentar la comida están a la orden del día.
Si todo esto inspira a que entres en la cocina y hagas algo casero, aun sea una donut, entonces ya cumplí mi objetivo como chef, que es: motivar a todos a volver a la cocina, a cocinar en casa, a hacer cosas ricas, lindas, nutritivas y siempre alternar las opciones.

Espero que este libro te guste, como autora traté de dejar ideas y recetas para todos los gustos: hay combinaciones increíbles, algunas más gourmet y osadas, pero están también los clásicos y un espacio para los más chicos. También encontrarás ideas para presentar mesas dulces, hacer tortas de donuts súper originales, incorporarlas en desayunos o meriendas, junto con los tips y recomendaciones más variados.

DEDICATORIA

Dedicación:
Quisiera poder dedicar este, mi primer libro, a mi hermana **Jackie Lekerman**,
quien puso el cimiento para despertar mi pasión por lo que hago.-

Gracias & más Gracias:

Tatiana Freideles, por ser mi gran compañera, interpretarme, ayudarme, asistirme,
y estar creando incondicionalmente al lado mio.

A mis compañeros de Möoi Restaurant; por apoyarme en mis "locuras" y mantenerse fiel
a mi concepto y bancarme diaremente.

A Gerardo; que sin él a mi lado, yo no seria nadie.

A Móoi Restaurante por prestarnos su espacio para hacer las fotos.

Lili; que cuida a mi tesoro más preciado mientras yo estoy trabajando.

Felipe, por confiar en mi instinto y darme rienda suelta a mi creatividad y manera de trabajar.

Virginia, que fotografió cada detalle con una mirada cautivante, amable y paciente.

A **los Clientes de Mooi Restaurant** que me siguen y apoyan constantemente.

Al **Grupo Mutifood**, que incondicionalmente me ha estado apoyando,
ncentivando y creyendo en mi.

A **Juliana López May**, por ser una llave "maestra" y gran cocinera, compañera
y generosa de corazón.

A todos lo creadores de redes sociales que me permiten estar cerca de uds.
E interactuar mediante **mi blog (jesslekerman.blogspot.com.ar o mooirestuarant.blogspot.com.ar)**
en facebook (Jessica Lekerman O Mooi Restaurant) a Instagram (jessicalekerman)
twitter: jesskale, Pinterest Jessica lekerman
&
Juana, mi amadísima hijita, que es mucho más comestible que cualquier donuts de este libro!!!

PRÓLOGO

Les recomiendo este libro por muchas razones: su colorido,
las increíbles presentaciones que diseña Jessica y las diferentes formas de cocinar
las tan clásicas y maravillosas donuts son solo algunas de ellas.
Todo de la mano de una muy especial mujer con quien compartí muchos años.
No solo aprendí de ella "cocina saludable" sino que compartimos juntas una cocina.
En este libro encontrarán tips para cocinar las donuts más saludables.
Y, lo más lindo, ¡se llevan con él las ganas de cocinar ya! ¡No se lo pueden perder!

Juliana López May

HERRAMIENTAS QUE NECESITO

Batidora - Espátula - Cortantes - Palo de amasar - termómetro - rejilla - papel siliconado o manteca - pinza - papel de cocina - moldes de donuts - molde de flan - tazas medidoras - cucharas - medidoras - balanza - cuchara de madera espray antiadherente - manopla – asadera - olla - repasador

PRODUCTOS

Es muy importante tener especial atención en la elección de los productos que vamos a utilizar. Mi conejo es que sean de buena calidad aunque cuesten un poco más, ya que el resultado final de las recetas es siempre superior cuando usamos ingredientes buenos, nobles y de calidad.

Los mejores ingredientes son aquéllos de los que, de alguna forma, podemos conocer de dónde vienen, cómo se hacen o quiénes los proveen, o bien productos industriales que conocemos y que sus resultados sean óptimos. Si no es posible saberlo y confiar en ello, intentar elegir productos con la menor cantidad de químicos, conservantes y/o colorantes posibles.

Algunos tips útiles para reconocer "buenos productos".

- **Chocolate:** en general, me refiero a un chocolate amargo. Esto es, un chocolate con 70% de cacao. Otras veces es un chocolate semi-amargo. En general el mejor lo consigo en casas especializadas de repostería.

- **Extracto de vainilla:** es recomendable el extracto y no la esencia de vainilla. No es lo mismo. El extracto, en general, es más natural, y la esencia es artificial. Con solo leer la etiqueta puedes identificarlo.

- **Polvo de hornear:** Si tienes la opción de elegir el que es libre de aluminio, opta por ese. En muchos países ésta característica está individualizada en la etiqueta.

- **Harinas:** Sin duda, las mejores harinas son las de molienda en el momento, pero entendiendo que es difícil conseguirlas, te recomiendo uses la marca con que te sientas más cómodo y respetar la indicación de la receta de si es necesaria harina refinada para pastelería (en Argentina, conocida como 0000) o uso general (llamada 000). También varía en las harinas integrales el efecto de la molienda fina, superfina o gruesa.

- Si alguna receta indica **manteca**, usa manteca. No recomiendo el uso de margarinas de ningún tipo.

- Cuando indico sal, uso **sal marina.**

- **Huevos:** En lo posible utilizar huevos orgánicos, es muy notoria la diferencia de calidad: notoria en el tamaño, el color de la yema y la textura del huevo. Utilizarlos a temperatura ambiente.

- **Colorantes:** Si bien siempre hacemos referencia a colorantes comestibles, en general son químicos, si tienes la opción de conseguir los naturales, no lo dudes.

MEDIDAS Y EQUIVALENCIAS

La de las donuts es una receta muy tradicional norteamericana y en este sistema se suele utilizar la medición de tazas. Si encuentras cómodo este método recuerda utilizar siempre el medidor de taza que se compra en bazares o casas de repostería. No utilices la medida de una taza que tengas en casa, ya que puede no ser la que técnicamente se utiliza como medida.

Lo mismo ocurre con la medición de cucharas y cucharaditas, que se compran graduadas y que no siempre equivalen a una cucharada que tenga en casa.

A simple modo de referencia te recuerdo las equivalencias en este aspecto:

	HARINA	AZUCAR	LIQUIDO	CACAO	MANTECA
1 TAZA	160 GR	240 GR	250 CC	90 GR	200 GR
½ TAZA	80 GR	120 GR	125 CC	45 GR	100 GR
1/3 TAZA	60 GR	80 GR	80 CC	30 GR	65 GR
¼ TAZA	40 GR	60 GR	62 CC	20 GR	50 GR
1 CDA	20 GR	15 CC	7 GR	20 GR	

BASADAS EN MASA LEVADA

Esta masa usa como leudante ya sea la levadura fresca o en polvo. En general se mezclan, se amasan, se dejan reposar, se cortan con cortante, se dejan reposar nuevamente y luego se cocinan.

INGREDIENTES

-10 gr de levadura seca

-375 ml de leche tibia (1 ½ taza)

-360 gr de azúcar (1 ½ taza)

-60 gr de manteca pomada

-1 cdta de extracto de vainilla

-1 cdta. de sal

-1 huevo

-3 yemas

-760 gr de harina 000 (4 ¾ taza)

RINDE **24** DONUTS

PROCEDIMIENTO

1 En un bol, colocar la leche tibia junto a la levadura y dejar reposar 10 minutos.

2 En un bol, batir la manteca y el azúcar hasta que el azúcar quede disuelto y no granuloso. Agregar la mezcla de leche y levadura, incorporar extracto de vainilla, huevo y yemas y seguir batiendo. Combinar bien los ingredientes.

3 Volcar la harina en tandas, hasta que se vaya formando el bollo. Retirar y amasar ligeramente para que quede liso y homogéneo. Dejar reposar en un bol tapado hasta que duplique su volumen.

4 Estirar sobre una superficie de trabajo limpia hasta que tenga unos 4 mm de altura y cortar con cortante circular de 7 u 8 cm; hacer en el centro de cada donut otro corte con un cortante circular más pequeño, de 2.5 o 3 cm.

5 Colocar las donuts en una fuente sobre papel manteca o papel siliconado y dejarlas reposar por 30 minutos.

6 Calentar aceite en una olla y cocinar las donuts reposadas de a 2 o 3 unidades por tanda hasta que se doren, unos 2 minutos. Retirarlas y secar en papel absorbente o rejilla y dejar enfriar. Si prefieres hornearlas, hacerlo en moldes específicos de donuts.

7 Luego rebozar en azúcar, glasear o rellenar según preferencias.

BASADAS EN MASA DE MEZCLA ESTILO TORTA

En este caso, la masa requiere polvo de hornear o bicarbonato de sodio (o ambos). La receta se basa en la mezcla de tortas o de muffins: los ingredientes se combinan en batidora y se cocinan al horno.

INGREDIENTES

- -2 huevos
- -165 gr de azúcar
- -1 cdta de extracto de vainilla
- -420 gr de harina 0000
- -15 gr de polvo de hornear
- -1 cdta de sal
- -1 cdta de nuez moscada
- -1 cdta de canela
- -40 gr de manteca derretida (se puede usar ghee o manteca clarificada)
- -120 ml de leche
- -Harina extra

RINDE **12** DONUTS

PREPARACIÓN

1 En una batidora, colocar los huevos junto al azúcar y batir hasta que la mezcla quede bien cremosa, unos 5 minutos.

2 Agregar el extracto de vainilla y volver a batir para integrar.

3 En un bol aparte, mezclar la harina con la sal y especias.

4 Agregar la mezcla de harina al batido de huevos y azúcar en 3 veces, alternando con leche y manteca. Batir hasta que todo quede bien integrado y se forme una mezcla pegajosa.

5 Cubrir la preparación con film transparente y dejar reposar por 20 minutos.

6 Espolvorear una mesada con harina y volcar la masa ya descansada. Aplanar con palo de amasar en un rectángulo de aprox. 1 cm de altura y cortar con cortante redondo de 7 cm. Cortar el hoyo del centro de cada donut con cortante de 2,5 cm.

7 Si se van a hornear, es mejor hacerlo en moldes de donuts específicos (ver Equipamiento, pág. 6). Para freírlas, llenar una olla con aceite hasta aproximadamente 7 cm de altura, calentar a 190° C. y cocinar en tandas de a 2 o 3 donuts como máximo. Dar vuelta con pinza cuando van estando doradas.

8 Retirar y reservar en papel absorbente. Luego terminar con glasé, rellenar o espolvorear con azúcar a gusto.

BASADAS EN MASA DE "PATE A CHOUX" O "MASA BOMBA"

Una masa clásica de técnica francesa donde se comienza la cocción en leche o agua, con sal y harina, y se van agregando huevos.
La masa se va formando a medida que se revuelve continuamente en la misma olla sobre fuego.

INGREDIENTES

- 250 ml de agua o leche

- 100 gr de manteca

- 5 gr de sal

- 5 gr de azúcar

- 150 gr de harina

- 4 huevos

PREPARACIÓN

1 En una olla al fuego colocar la leche o agua, con la manteca, sal y azúcar y llevar a hervor.

2 Agregar la harina de una sola vez y con cuchara de madera mezclar bien hasta lograr obtener un engrudo sin grumos.
Se debe mezclar continuamente

3 Pasar a un bol y dejar entibiar.

4 Agregar los huevos de a uno y colocar en manga. Se pueden hacer las piezas sobre placa enmantecada y se llevan a enfriar a heladera.

5 Luego pueden freírse o también hornearse a 200° C.

Los tipos de Donuts según su masa o cocción

BASADA EN HORNEADO

Son la tendencia más popular hoy. Cualquiera de las masas mencionadas arriba puede cocinarse en fritura o bien al horno. En este libro proponemos que el 99% de las donuts sean horneadas y que solo las más tradicionales se frían en aceite. La idea es lograr una manera fácil, rápida, práctica y más sana de hacer DONUTS.

INGREDIENTES

-125 ml de leche

-1 huevo

-1 cdta de extracto de vainilla

-60 ml de aceite de girasol

-60 gr de azúcar integral

-80 gr de azúcar blanca

-160 gr de harina 0000

o integral superfina

-1 cdta de sal

-1 cda de polvo de hornear

-Variación: para hacer donuts

de cacao, reemplaza en esta misma

receta los 80 gr de azúcar blanca

por azúcar negra y agrega 20 gr de

cacao amargo en polvo en el paso 2.

PREPARACIÓN

1 Mezclar la leche junto al huevo, aceite y el extracto de vainilla.

2 En otro bol, combinar todos los ingredientes secos (azúcares, harina, sal, polvo de hornear).

3 Integrar los ingredientes húmedos del paso 1 al bol de los secos del paso 2 y mezclar sin sobrebatir.

4 Colocar en jarra vertedora o manga y rellenar moldes de donuts para horno (o bien moldes individuales de flan) hasta colmar ¾ partes de su capacidad.

5 Hornearlas por 15 minutos y dejar enfriar en rejilla para luego glasear, rebozar o rellenar a gusto.

LAS CRONUTS

Son una mezcla de Croissant y de donuts. Son furor en la ciudad de Nueva York, donde su realizador (un chef patissier llamado Dominique Ansel) las introdujo en el mercado. En la puerta de su local se forman filas de más de 30 minutos para probarlas.
Claro que ya han viajado a Europa, donde en las pastelerías más modernas se comienzan a conseguir como la "nueva moda".

INGREDIENTES

-60 ml de leche

-65 ml de agua tibia

-6 gr de levadura seca

-150 gr de manteca fría en cubos

-200 gr de harina

-30 gr de azúcar impalpable

-1 cdta de sal

RINDE **10** CRONUTS

PREPARACIÓN

1 En un bol, mezclar la leche con el agua y la levadura. Dejar reposar 10 min.

2 En una batidora colocar manteca, harina y azúcar, trabajar hasta arenar.

3 Verter la mezcla de manteca, harina y azúcar sobre el bol con la mezcla de leche del paso 1. Trabajar con batidora hasta formar una masa blanda. Tapar y refrigerar 2 horas.

4 Amasar la masa con palote, aplanándola y dándole forma de rectángulo.
Y doblar en los dos extremos hacia el medio.

5 Volver a aplanar y repetir tres veces el procedimiento del paso 4. Envolver con film transparente y refrigerar otras 4 hs.

6 Estirar la masa con palote hasta alcanzar un espesor de 1 cm. Separar las donuts con un cortante circular y practicar el hoyo en el centro con uno de menor tamaño (mantener la proporción de 8 y 3 cm. de las donuts clásicas)

7 En una olla, calentar aceite a 170° C. Freír las cronuts de 2-3 minutos, hasta dorarlas de ambos lados. Retirar y reservar en papel absorbente.

8 Pasar cada cronut por azúcar saborizado con vainilla (azúcar mezclado con polvo de vainilla.

9 Luego rellenar con un "custard" de vainilla o crema pastelera: este proceso se practica con una jeringa de uso gastronómico en varios puntos de la cronut.

10 Glasear con glasé rosa y amarillo (ver receta en pág. 102).

VAINILLA LATTE

INGREDIENTES

-10 gr de levadura en polvo

-4 cdas (60ml) de leche tibia

-320 gr de harina leudante

-2 cdtas de vainilla en polvo

(casera: procesar una vaina de

vainilla hasta pulverizarla)

-300 gr de azúcar

-2 huevos

-190 gr de yogurt de vainilla

-60 gr de manteca

-2 cdtas de extracto de vainilla

GLASÉ DE LECHE

-60 gr de manteca blanda

-300 gr de azúcar impalpable

-45 ml de leche

Batir vigorosamente todos los ingredientes hasta lograr una mezcla ni muy líquida ni muy cremosa.

PREPARACIÓN

1 Mezclar la levadura junto a la leche tibia. Reposar 10 minutos.

2 En otro bol, combinar la harina, el azúcar y vainilla en polvo (si no hay vainilla en polvo, agregar un poco más de extracto de vainilla en el paso siguiente). Reservar.

3 En un tercer bol aparte mezclar yogurt, huevos, manteca y extracto de vainilla.

4 Integrar la mezcla de yogurt con las preparaciones de los pasos 1 y 2. Revolver hasta homogeneizar.

5 Colocar la preparación en manga o jarra vertedora y rellenar un molde para donuts, previamente engrasado con espray antiadherente.

6 Cocinar a horno moderado (180° C.) durante 15 minutos o hasta que la masa quede firme pero no dura.

7 Retirar. Dejar enfriar y glasear.

TOPPING

Decorar inmediatamente luego de colocar el glasé con lluvia de vainillas trituradas.

Banana y Dulce de Leche

Ingredientes

Donut de sabor banana

- 160 gr de harina
- 25 gr de polvo de hornear
- 1 cdta de sal
- 1 cda de canela molida
- 60 gr azúcar
- 1 huevo
- 1 banana hecha puré (pisada)
- 70 ml de leche con un chorrito de limón
- 1 cda de extracto de vainilla

GLASÉ DE DULCE DE LECHE

- 200 gr de Dulce de leche repostero
- Leche, cantidad necesaria

Ir agregando de a poco la leche tibia al dulce de leche, mezclar hasta conseguir una textura cremosa pero fluida para poder trabajar como glasé.

RINDE **8** DONUTS

Preparación

1. Mezclar la harina junto al polvo de hornear, sal, canela y reservar.
2. En un recipiente aparte, batir el azúcar con el huevo y la banana hecha puré, la leche con el chorrito de limón y el extracto de vainilla.
3. Integrar las preparaciones de los pasos 1 y 2. Homogeneizar sin sobrebatir la mezcla: el objetivo es que no queden grumos, sino una mezcla lisa.
4. Rellenar moldes de donuts previamente engrasados y hornear a 200°C. durante 15 minutos o hasta que la masa quede firme pero no dura.
5. Enfriar en una rejilla y glasearlos con dulce de leche o chocolate.

TIP

Estas donuts además de glasear se pueden rellenar utilizando una jeringa de uso médico sin aguja o bien una jeringa de uso gastronómico. Se rellenan al retirarlas de la cocción, aún tibias, inyectando en este caso dulce de leche en diferentes puntos de la donut.

TOPPING

Decorar con chips de banana desecada.

COCO
Y MARACUYÁ

INGREDIENTES

Donut base sabor maracuyá

-60 gr de azúcar moscabado o integral

-80 gr de azúcar blanca

-1 huevo

-60 ml de aceite de girasol o canola

-1 cdta de extracto de vainilla

-100 ml de pulpa de maracuyá o mango

-180 gr de harina leudante

-1 cdta de jengibre en polvo

-1 cdta de nuez moscada

-1 cda de coco

GLASÉ DE COCO

-2 cdas de Leche de coco

-200 gr de Azúcar impalpable

Ver consejos y preparación
en pág. 102

PREPARACIÓN

❶ Batir el azúcar junto al huevo
hasta que se integre
y no quede granuloso.

❷ Agregar aceite, vainilla, pulpa
de maracuyá y batir todo para
que se integre.

❸ Agregar la harina, el jengibre,
nuez moscada, coco y batir para
que quede la mezcla homogénea
sin sobrebatirla.

❹ Rellenar moldes de donuts
engrasados y llevar al horno a
180 grados durante 20 min.
Retirar y proceder a glasear
y decorar.

TIP

La pulpa de maracuyá ideal es la que
retiramos con una cucharita de la fruta. Se comercializa también envasada,
aunque no conviene comprar las pul-
pas en lata que se utilizan para coctele-
ría, ya que su sabor resulta muy artificial
y su consistencia demasiado liquida.

TOPPING

Coco (puede ser en hebras o coco
común y tostado)

APPLE CIDER

Es una de las donuts mas clásicas de la pastelería estadounidense.

INGREDIENTES

-2 manzanas coloradas

-375 ml de sidra de manzana

-840 gr de harina leudante

(ver glosario en pág. 106)

-1 cdta de canela

-1 cdta de nuez moscada

-160 gr de azúcar

-60 gr de manteca

-1 huevo

-1 yema

-60 ml de leche

-1 cda de extracto de vainilla

-Aceite, cantidad necesaria para freír

GLASÉ DE SIDRA

-1 taza (240 ml) de sidra

-¼ taza de azúcar impalpable

Hervir la sidra hasta reducirla a la mitad y agregar en frio el azúcar impalpable.

TOPPING

-canela y azúcar blanca
Mezclar azúcar blanca con canela (cada 100 gr de azúcar 3 cdas de canela) y rebosar las donuts con esta mezcla.

PREPARACIÓN

1 Retirar el cabito y semillas de las manzanas. Cortarlas con cáscara en cubos homogéneos y colocarlas en una olla junto con la sidra. Cocinarlas durante 25 minutos, o hasta que las manzanas estén blandas y la sidra se haya reducido. Dejar entibiar.

2 En una licuadora, hacer puré la preparación del paso 1 y reservar en heladera.

3 En un bol, combinar la harina, la canela y la nuez moscada.

4 Batir en batidora la manteca y el azúcar hasta lograr una mezcla cremosa. Sumar el huevo y la yema de a poco. Luego incorporar una taza del puré de manzana del paso 2.

5 Verter en esta preparación la mitad de la mezcla del paso 3 y continuar batiendo. Volcar la leche y el extracto de vainilla y batir un poco más. Agregar el resto de la harina. Batir hasta homogeneizar.

6 Espolvorear la mesa con harina y extender la masa, formar con palote un rectángulo de 1 cm de altura. Separar las donuts con cortante redondo de 7 cm y trazar el hoyo del centro con cortante de 2,5 cm.

7 Dejar reposar la masa en heladera durante 2 horas.

8 Calentar el aceite en olla y cuando alcance 190° C. comenzar a cocinar las donuts en tandas de a 2 o 3 unidades hasta dorar.

9 Secar en papel absorbente y luego glasearlas.

Rellenas con Helado

Se pueden combinar la base de chocolate
con el relleno de helado que prefieras

Ingredientes

-80 gr de azúcar negra

-60 de azúcar

-60 ml de aceite girasol

-1 huevo

-1 cda de extracto de vainilla

-160 gr de harina leudante

(ver glosario en pág. 106)

-20 gr de cacao en polvo amargo

-125 ml de leche chocolatada

-Opcional: 30 gr de chocolate picado

o chips de chocolate

Preparación

1 Batir juntos los azúcares y el aceite
durante 3 minutos, hasta lograr una
mezcla homogénea. Agregar el huevo
y extracto de vainilla, continuar
batiendo 2 minutos más.
Si va a usar los chips de chocolate
intégrelos en este momento, revuelva
un minuto para integrarlos a la mezcla

2 Incorporar la harina y el cacao,
alternando con la leche chocolatada
en tres tandas, revolver hasta que
todo quede bien integrado.

3 Rellenar los moldes previamente
engrasados y cocinar en horno
a 200° C. unos 12 minutos, o hasta
que la masa quede firme pero
no dura. Retirar y dejar enfriar.

4 Cortar las donuts en mitades
y rellenar con helado de crema
(las donuts deben estar frías).

TIP

Decorar por arriba con chocolate negro
o blanco derretido a baño María

NARANJA Y COINTREAU

Doble sabor a naranja con un delicioso glaseado

INGREDIENTES

-15 gr de levadura en polvo

-800 gr de harina 000

-120 gr de azúcar

-1 cdta de sal

-50 gr de manteca o ghee

-2 huevos

-300 ml de jugo de naranja

-aceite de canola, c/n para freír

GLASÉ DE COINTREAU

-2 tazas de azúcar impalpable

-4 cdas de Cointreau

Revolver el azúcar y el licor hasta lograr una preparación homogénea. Se puede agregar cáscara de naranja confitada o simplemente piel de naranja rallada.

PREPARACIÓN

1 Combinar la levadura con la harina, azúcar y sal.

2 Hacer un hueco y verter la manteca derretida y los huevos.

3 Empezar a amasar e ir agregando el jugo a medida que la masa lo necesite. Se puede hacer en procesadora o batidora con amasadora de pan.

4 Retirar la masa del bol y dejar reposar, tapada con un lienzo o repasador, sobre mesada enharinada durante 2 horas.

5 Estirar la masa con palote hasta lograr un espesor de 1 cm. Separar las donuts con cortante circular y hacer el hoyo con el cortante circular más pequeño.
Pasar las donuts a una placa de silicona y dejar descansar cubiertas, nuevamente por 40 min.

6 Calentar el aceite en una olla. Cocinar a 190° C. en tandas de a 2 o 3 donuts, una vez doradas darlas vuelta con palillo o pinza y retirar. Reservar sobre papel de cocina.

7 Terminar en una rejilla para que se enfríen y luego poder cubrir con glasé.

TIP

Decora con granas o perlas comestibles.

CHOCOLATE AMARGO Y AVELLANAS

Una combinación imbatible

INGREDIENTES

- -100 ml de leche
- -30 ml de crema
- -140 gr de azúcar negra
- -60 ml de aceite girasol
- -1 huevo
- -Extracto de vainilla, a gusto
- -160 gr de harina
- -1 cdta de sal marina
- -10 gr de polvo de hornear
- -30 gr de cacao amargo al 70%
- -chips de chocolate (opcional)

GLASÉ DE GANACHE DE CHOCOLATE
Ver receta en glasé fuera de serie
página 102.

PREPARACIÓN

1 Mezclar con batidor de mano
la leche, crema, azúcar, aceite
y huevo con vainilla. Reservar.
2 Mezclar la harina con la sal,
el polvo de hornear y el cacao.
3 Unir ambas preparaciones y que
no queden grumos y se integren bien.
4 Rellenar moldes de donuts
previamente engrasados.
5 Hornear a 190° C. durante 12
minutos, o hasta que la masa quede
firme pero no dura.
6 Retirar y decorar con glasé de
ganache y avellanas picadas.

TOPPING

Avellanas picadas
(si las tostás quedan mucho más
ricas... hacelo antes de picarlas)

TÉ EARL GREY
Y ARÁNDANOS

Livianas y de sabor sutil, deliciosas para la tarde

INGREDIENTES

-110 gr de azúcar

-40 gr de manteca pomada

-1 huevo

-100 ml de té earl grey bien fuerte
y ya infusionado

-1 cda de ralladura de limón

-200 gr de harina leudante

-100 gr de arándanos o moras,
pasados por harina

GLASÉ DE TÉ
-200 gr de azúcar impalpable
-4 cdas de té earl grey muy infusionado
y bien fuerte de sabor
Ver consejos y preparación
en pág.102.

RINDE **10/12** DONUTS

PREPARACIÓN

1 Batir la manteca junto al azúcar.

2 Agregar el huevo, té frío y la
ralladura de limón.

3 Incorporar la harina gradualmente
hasta lograr una masa lisa y suave.

4 Volcar la masa en los moldes
previamente engrasados hasta
colmar ¾ partes de su capacidad.
Echar sobre cada molde unos
3 arándanos previamente pasados
por una cucharada de harina.

5 Llevar al horno precalentado
a 170° C. durante 10 minutos,
o hasta que la masa quede firme
pero no dura. Retirar del horno,
dejar enfriar, aplicar luego el glaseado
y cubrir con el topping.

TOPPING

Arándanos frescos.
Se pueden espolvorear luego de
colocados sobre la donut con polvo
comestible plateado y/o dorado

RED VELVET DONUT

Base de donuts estilo "terciopelo rojo"

INGREDIENTES

-160 gr taza de harina 0000

-8 gr de polvo de hornear

-1 cdta de sal

-30 gr de cacao amargo

-80 gr de azúcar negra

-60 ml leche

-50 gr de yogurt sin sabor natural
(me gustan que queden mas húmedas
que las tradicionales, si no es de tu
agrado agrega en total 80 cc de leche
con gotas de limón)

-1 huevo

-40 gr de manteca, pomada

-Extracto de vainilla, a gusto

-1 cdta de vinagre blanco

-1 cdta de bicarbonato de sodio

-1 cdta de colorante rojo

GLASÉ "BUTTERCREAM"

-200 gr de azúcar impalpable

-100 gr de manteca pomada

-4 cdtas de leche

-Extracto de vainilla

PREPARACIÓN

1 En un bol combinar la harina, cacao, azúcar, sal y polvo hornear y mezclar con cuchara.

2 Sumar la leche y yogurt y el huevo e integrar.

3 Incorporar la manteca pomada y el extracto de vainilla. Mezclar.

4 En un bol pequeño, mezclar el vinagre con bicarbonato y agregar a la preparación anterior. Luego echar el colorante rojo e integrar.

5 Llenar un molde de donut hasta 2/3 partes de su capacidad y hornear 10 minutos a 170° C., o hasta que la masa quede firme pero no dura. Dejar enfriar y aplicar el glasé.

TOPPING

Granas plateadas

LIMÓN Y LAVANDA

Donuts delicadas y sutiles para un desayuno diferente

INGREDIENTES

-140 gr de azúcar

-1 huevo

-100 ml de leche

-20 ml de jugo de limón

-180 gr de harina

-10 gr de polvo hornear

-1 pizca de sal

-1 cdta de hojas de lavanda
comestible, picadas

GLASÉ DE LIMÓN

-250 gr de azúcar impalpable

-1 clara

-2 cdas de jugo de limón

Ver consejos y preparación
en pág. 102.

PREPARACIÓN

1 Combinar el azúcar y huevo.

2 Agregar jugo de limón
y luego la leche.

3 Luego volcar gradualmente
la harina, el polvo de hornear y la sal
y las flores picadas. Revolver hasta
integrar la mezcla.

4 Llenar los moldes de donuts
previamente engrasados hasta
¾ partes de su capacidad.
Cocinar en horno de 180° C. durante
12 minutos o hasta que la masa
quede firme pero no dura.

5 Dejar enfriar.
Luego cubrir con glasé.

TOPPING

lavanda seca o fresca comestible

TÉ VERDE Y COCO

Una combinación con ecos de Oriente

INGREDIENTES

-125 ml de té verde,
ya infusionado y tibio

-60 ml de aceite de canola

-1 huevo

-160 gr de azúcar integral

-100 gr de harina integral superfina

-60 gr de harina blanca 000

-1 pizca de sal

-15 gr de polvo de hornear

GLASÉ DE COCO

Ver la receta en glasés fuera
de serie pagina 103.

PREPARACIÓN

1 Mezclar con batidor de mano
el té verde junto al aceite, huevo
y azúcar hasta que el azúcar
quede disuelto.

2 Integrar las harinas con la sal
y polvo de hornear.

3 Unir ambas preparaciones
y revolver hasta lograr una mezcla
homogénea y sin grumos.

4 Rellenar moldes de donuts
previamente engrasados.
Hornear durante 15 minutos
a 180° C. o hasta que la masa
quede firme pero no dura

5 Retirar y decorar. Aplicar
el glaseado una vez fría.

TIP

Se puede decorar con coco tostado o
bien naranjitas confitadas y cortadas en
cubos, o mango desecado en cubitos
(puede conseguirse en dietéticas y tien-
das naturistas

QUÍNOA
Y AMARANTO

Donuts integrales 100 % con semillas

INGREDIENTES

-140 gr de azúcar integral de caña

-1 huevo

-125 ml de leche de soja o
de almendras o de arroz o de cabra

-60 ml de aceite de canola

-extracto de vainilla, a gusto

-100 gr de harina integral superfina

-60 gr de harina de quínoa

-20 gr de semillas se amaranto tostadas

-20 gr de polvo hornear

-pizca de sal

GLASÉ DE LECHE DE SOJA

-250 gr de azúcar impalpable

-4 cdas de leche de soja

Ver consejos y preparación
en pág. 102.

PREPARACIÓN

1 Mezclar el azúcar, huevo, aceite,
la leche y el extracto de vainilla
para que se integren bien.

2 Agregar con cuchara de madera
las harinas y las semillas
de amaranto, el polvo de hornear
y la sal.
Combinar hasta homogeneizar.

3 Luego engrasar los moldes
y volcar la mezcla hasta colmar
¾ partes de su capacidad.
Hornear a 190° C. durante
17 minutos, o hasta que la masa
quede firme pero no dura.
Dejar enfriar y aplicar el glasé.

TOPPING

semillas de amaranto y quínoa
tostadas en sartén

DONUTS DE "CARROT CAKE"

Con el sabor de la clásica torta norteamericana de zanahorias

INGREDIENTES

-300 gr de azúcar integral o rubia

-3 huevos

-300 ml de aceite

-150 gr de harina integral superfina

-150 gr de harina 0000

-1 cda de bicarbonato de sodio

-20 gr de polvo hornear

-1 cdta de canela

-1 cdta de nuez moscada

-1 cdta de jengibre molido

-1 pizca de sal

-extracto de vainilla

-300 gr de zanahoria rallada

-100 gr de nueces picadas

o pasas de uva

GLASÉ DE QUESO CREMOSO
Ver la receta en glasés fuera
de serie página 103.

RINDE **30** DONUTS

PREPARACIÓN

1 Batir el azúcar junto al huevo
en un batidora hasta que el azúcar
se disuelva bien.

2 Agregar, bajando velocidad de la
batidora, el aceite y seguir batiendo
4 minutos más.

3 Incorporar de a poco las harinas,
polvo de hornear, el bicarbonato,
la sal y las especias y extracto
de vainilla.

4 Retirar y agregar de a poco
con espátula las zanahorias ralladas
y las nueces o pasas de uva,
según se prefiera.

5 Volcar la preparación en moldes
previamente aceitados y cocinar
en horno a 180° C. durante 20 minutos,
o hasta que la masa quede firme
pero no dura.

6 Dejar enfriar antes de colocar
el glasé de queso blanco. Luego cubrir
con topping de nueces picadas.

TOPPING

Nueces picadas

CHAI DONUT

INGREDIENTES

-130 ml de té chai

-130 gr de azúcar integral o negra

-60 ml de aceite de canola

-1 huevo

-vainilla 1 cdta

-100 gr de harina integral súper fina

-70 gr de harina blanca

-15 gr de polvo hornear

-1 cdta de sal

GLASÉ

-2 tazas de azúcar impalpable

-4 cdas de te chai

Integrar hasta homogeneizar
y usar como baño.

PREPARACIÓN

1 Mezclar con batidor de mano el té
junto al aceite, huevo y azúcar hasta
que el azúcar quede disuelto
y agregar vainilla.

2 Mezclar las harinas con el polvo
de hornear y la sal.

3 Unir las preparaciones de los
pasos 1 y 2 y combinar bien para que
no queden grumos y se integren bien.

4 Volcar la mezcla en moldes
de donuts previamente aceitados
y hornear durante 15 minutos
en horno a 180° C. durante
15 minutos, o hasta que la masa
quede firme pero no dura.

5 Retirar y decorar.

TIP

Para hacer el té Chai bien saborizado,
dejarlo infusionar en leche de soja y que
tome bien el sabor de las especias típi-
cas de este tipo de té.

TOPPING

Canela en polvo

CHOCOLATE, NARANJA Y ALMENDRAS

Son Gluten Free y aptas diabéticos

INGREDIENTES

-75 gr de almendras tostadas

-7 gr de polvo hornear

-1 cdta de bicarbonato de sodio

-150 gr de harina pre mezcla apta para celiacos (gluten free)

-1 cdta de sal

-30 gr de cacao amargo en polvo

-2 huevos

-200 ml de néctar de agave

(si no lo consigue y usa miel no será apta diabético)

-50 ml de leche de almendras

-70 ml de aceite canola

-1 cdta de ralladura de naranja

GLASÉ DE NARANJA

-2 tazas de azúcar impalpable

-3 cdas de jugo de naranja

Combinar bien batiendo hasta integrar.

PREPARACIÓN

1 Procesar las almendras y mezclar con el polvo de hornear, el bicarbonato, la harina, sal y cacao.

2 En otro bol, integrar los huevos, néctar de agave, el aceite y la ralladura de naranja.

3 Combinar ambas preparaciones batiendo y alternado en partes con la leche de almendras. Es muy importante no sobrebatir la preparación. Solo integrar hasta lograr una masa lisa y sin grumos.

4 Verter en moldes de donuts previamente engrasados y hornear a 170° C. durante 45 minutos, o hasta que la masa quede firme pero no dura.

5 Dejar enfriar.

TOPPING

Cascaritas de naranjas azucaradas.

CREMA DE CARAMELO

Base de chocolate o de vainilla con glaseado
de crema de caramelo salado. Glaseado de crema Irlandesa.
Ver receta en glasés fuera de serie pagina 103.

INGREDIENTES

- 70 g de harina leudante
- 60 g de azúcar
- 25 g de cacao (opcional)
- 1 huevo
- 25 ml de leche
- 1 cdta de extracto de vainilla

SALTED CARAMEL
- 35 g de manteca
- 50 g de azúcar
- 25 g de caramelo (o miel o jarabe)
- 50 ml de crema doble
- 1/2 cdta de sal marina

RINDE **6** DONUTS

TOPPING

Decorar con caramelos de dulce
de leche triturados.

TIP

Para triturar caramelos: Envolver en un
lienzo de cocina caramelos sabor dulce
de leche. Golpearlos con palo de amasar
hasta lograr la textura deseada (desde tro-
zos gruesos hasta un polvillo de caramelo).

PREPARACIÓN

1 Precalentar el horno a 180° C.

2 Combinar la harina junto al azúcar
y el cacao (si lo desea).

3 En otro bol mezclar huevo, leche
y extracto de vainilla.

4 Integrar las preparaciones de los
pasos 2 y 3. Chequear que la masa
esté lisa y homogénea sin sobrebatir.

5 Volcar en moldes de donuts
previamente enmantecados hasta
colmar 3/4 partes de su capacidad.
Cocinar en horno precalentado durante
15 minutos, o hasta que estén firmes
pero no duras. Dejar enfriar.
Luego aplicar el glaseado y topping.

GLASEADO DE SALTED CARAMEL:

6 Combinar en una cacerola
(preferentemente antiadherente)
la manteca, azúcar y caramelo o jarabe.
Revolver a fuego bajo/moderado hasta
que llegue al punto de ebullición,
unos cinco minutos.

7 Retirar del fuego y volcar la crema
y la sal. Si la salsa está muy líquida
llevar nuevamente al fuego y revolver
hasta alcanzar una consistencia
espesa y cremosa.

CALABAZA Y NUEZ MOSCADA

El azúcar crudo en el glaseado y el topping de semillas al caramelo completan el sabor dulce de esta masa fabulosa.

INGREDIENTES

- 1 ½ taza de harina
- 1 cdta de sal
- 1 cdta de bicarbonato de sodio
- 1 cda de polvo hornear
- 1 cdta de nuez moscada
- ¼ cdta de canela en polvo
- 1 taza de puré de calabaza
- 1 taza de azúcar
- ½ taza de aceite de oliva
- 2 huevos
- ¼ taza de agua

GLASEADO DE AZÚCAR MOSCABADO
- 200 gr de azúcar moscabado procesado en un mixer
- 1 clara de huevo

Integrar ambos hasta lograr una consistencia espesa.

PREPARACIÓN

1. Combinar la harina, sal, polvo de hornear, bicarbonato, nuez moscada y canela.
2. Batir en batidora el puré de calabaza con el azúcar, el aceite, los huevos y el agua.
3. Combinar las preparaciones de los pasos 1 y 2 sin sobrebatir la mezcla sino integrándola.
4. Verter la mezcla en moldes previamente engrasados, llenándolos hasta ¾ partes de su capacidad. Hornear durante 15 minutos en horno precalentado a 180° C. Dejar enfriar en rejilla. Luego aplicar glaseado.

TOPPING

Semillas de calabaza caramelizadas

PISTACHOS
Y ALMENDRAS

Receta base de donuts de almendras

INGREDIENTES

- 1 1 /4 taza de harina
- ¾ taza de azúcar
- 1 cda de polvo hornear
- sal pizca
- 1 cda de extracto de almendras
- 1 huevo
- ½ taza de leche
- 1 chorrito de limón
- 50 gr de manteca, pomada

GLASEADO DE PISTACHOS

- 200 gr de azúcar impalpable
- 1 cda de jalea de pistachos
- 3 cdas de leche

Integrar todos los ingredientes
hasta homogeneizar.

Para la jalea de pistacho:
Triturar 100 gr de pistachos
y llevar a una cacerola junto
a 300 ml de agua y 200 gr de azúcar.
Cocinar hasta que se reduzca
a punto almíbar, colar, utilizar.

PREPARACIÓN

1. Mezclar la harina con el azúcar,
el polvo de hornear y sal.
2. Combinar el extracto de almendras,
el huevo, la leche, el limón
y la manteca pomada.
3. Integrar bien las preparaciones
de los pasos 1 y 2.
4. Verter la masa en moldes
previamente engrasados hasta
colmar ¾ partes de su capacidad
y hornear a 190° C. durante
10 minutos, o hasta que la masa
quede firme pero no dura.
5. Dejar enfriar y aplicar glasé.

TOPPING

Almendras fileteadas

ROMERO Y OLIVA

Receta base de donuts de oliva

INGREDIENTES

-15 ml agua tibia

-10 gr de levadura en polvo

-1 huevo

-160 ml de aceite de oliva

-50 gr de manteca pomada

-100 gr de azúcar

-400 gr de harina

-Sal, a gusto

-Extracto de vainilla, a gusto

GLASEADO BUTTERCREAM

-50 gr de manteca, pomada

-200 gr de azúcar impalpable

-1 cda de leche

Misma receta de glaseado "Red velvet"

TOPPING

Granola y hojas de romero frescas

PREPARACIÓN

1. Disolver en el agua la levadura y dejar reposar 10 minutos. Luego agregar el huevo, aceite, manteca, azúcar y sal. Mezclar hasta integrar.

2. Incorporar la harina a la preparación anterior en dos tandas, revolviendo con un movimiento circular luego de cada adición. Amasar. Si fuera necesario, agregar un poco más de harina según la consistencia de la masa (no debe ser muy pegajosa pero tampoco demasiado firme)

3. Amasar 10 minutos y reservar tapada durante una hora o hasta que el bollo duplique su volumen.

4. Estirar en mesada espolvoreada con harina hasta lograr 1 cm de espesor, separar las donuts con cortante de 7 cm. y trazar el hoyo en el centro con cortantes de 3 cm. Disponer las donuts sobre una placa y dejar reposar cubiertas 30 minutos.

5. Calentar aceite de girasol a 190° C. Freir las donuts en tandas de 2-3 hasta dorar, retirar con pinza. Reservar en papel de cocina. Dejar enfriar y luego glasear.

LEMONGRASS Y PALTA

Donut de sabor limoncillo

INGREDIENTES

- 1 huevo
- 50 ml de aceite neutro
- jugo de 1 limón
- 70 ml de agua infusionada
con lemongrass por 30 minutos
como mínimo.
- 180 gr de harina leudante
- 1 cda de ralladura de limón
- 100 gr de azúcar

GLASEADO DE PALTA

-1 palta: usar solo la pulpa
procesada hecha puré
-200 gr de azúcar impalpable

Mezclar intensamente hasta lograr
una consistencia cremosa.

PREPARACIÓN

1 Combinar el huevo, el aceite,
el jugo de limón y el agua infusionada
y reservar.

2 Ir agregando los ingredientes secos
gradualmente y revolviendo hasta
homogeneizar.

3 Rellenar con la mezcla moldes
humedecidos con aceite hasta
¾ partes de su capacidad.
Hornear a 190° C. y dejar enfriar.
Luego aplicar el glaseado y cubrir
con el topping

TOPPING

De cáscara de lemongrass
o lemon grass seco (sino consigue
use cascaritas de limón)

VAINILLA

INGREDIENTES

-25 gr de levadura fresca

-375 ml de leche tibia

-360 gr de azúcar

-50 gr de manteca, pomada

-1 huevo

-3 yemas

-1 cda de extracto de vainilla

-1 pizca de sal

-760 gr de harina

-aceite de canola o girasol,
c/n para freír

GLASÉ: VAINILLA
-250 gr de azúcar impalpable

-1 cdta de extracto de vainilla

Ver consejos y preparación
en pág. 102

RINDE **24** DONUTS

PREPARACIÓN

1 Combinar la levadura fresca junto
a la leche tibia y una cucharada de
azúcar y dejar que se forme una esponja
líquida. Dejar reposar 10 minutos.

2 Batir el azúcar con la manteca
y agregar el huevo y las yemas.

3 Mientras se continúa batiendo,
incorporar la preparación del paso 1.

4 Agregar el extracto de vainilla. Luego,
gradualmente y bajando velocidad de la
batidora, sumar la harina y sal tamizadas.

5 Dejar leudar por 2 horas tapado con
repasador o film transparente dentro
del bol de la batidora.

6 Luego, estirar en mesada
espolvoreada con harina hasta formar
un rectángulo de ½ cm de altura. Cortar
las donuts con cortante de 7 cm y trazar
el hoyo del centro con otro de 3 cm.

7 Dejar reposar las donuts nuevamente
en una placa tapada durante 30 minutos.

8 Calentar aceite en sartén y colocar
en ella de a 2 o 3 donut, con pinza dar
vuelta a los 2 minutos y dejar que doren.
Retirar y colocar sobre papel absorbente.

9 Dejar enfriar; luego aplicar el glasé.

CHOCOLATE

INGREDIENTES

-60 gr de azúcar negra

-80 gr de azúcar blanca

-60 ml de aceite

-1 huevo

-extracto de vainilla, a gusto

-130 ml de leche chocolatada

-160 gr de harina leudante

-30 gr de cacao en polvo

GLASÉ: DE LECHE

-250 gr de azúcar impalpable

-3 cdas de leche

Ver consejos y preparación
en pág. 102

PREPARACIÓN

1 Batir ambos azúcares junto
al huevo y aceite.

2 Agregar el extracto de vainilla
y seguir batiendo hasta integrar.

3 Agregar, alternándolas, la leche
chocolatada y la harina cernida
con el cacao. Hacer la adición en tres
tandas. Mezclar hasta homogeneizar,
cuidando de no sobre batir la mezcla.

4 Volcar la masa en moldes de
donuts previamente engrasados,
llenando hasta ¾ partes de su
capacidad y cocinar en horno
precalentado a 180° C. durante
15 minutos, o hasta que la masa
quede firme pero no dura.

5 Dejar enfriar y glasear.

TOPPING

Confites de colores

DULCE DE LECHE

Donut de sabor dulce de leche

INGREDIENTES

-190 gr de harina

-25 gr de polvo hornear

-1 cdta de sal

-1 cda de canela molida

-80 gr azúcar

-1 huevo

-50 gr de dulce de leche repostero

-70 ml de leche con un chorrito

-1 cda de extracto de vainilla

GLASÉ: DE DULCE DE LECHE

-200 gr de Dulce de leche repostero

-leche para diluirlo

PREPARACIÓN

1 Mezclar la harina junto al polvo de hornear, la sal y la canela. Reservar.

2 Batir el azúcar con el huevo y el dulce de leche, la leche y el extracto de vainilla.

3 Integrar las preparaciones de los pasos 1 y 2, combinarlos bien, hasta lograr una masa lisa y sin grumos, cuidando de no sobrebatir la mezcla.

4 Rellenar moldes de donuts previamente engrasados y cocinar durante 15 minutos en horno precalentado a 200° C, o hasta que la masa quede firme pero no dura

5 Enfriar en una rejilla y glasearlos con dulce de leche o chocolate.

TOPPING

Galletas de chocolate rotas o partidas en pedacitos

LECHE

Glasé: de colores

INGREDIENTES

-130 ml de leche

-140 gr de azúcar blanca

-60 ml de aceite neutro

-1 huevo

-Extracto de vainilla, c/n

-160 gr de harina leudante

GLASÉ

-250 gr de azúcar impalpable

-1 clara

-Colorante comestible en tonos
rosa y celeste,c/n

Hacer la pasta revolviendo
el azúcar y la clara.
Dividir el glasé en dos partes,
colorear una de rosa y otro de celeste.

PREPARACIÓN

1 Batir juntos la leche, el azúcar,
el huevo y el aceite.

2 Agregar extracto vainilla
y seguir batiendo.

3 Luego echar la harina en dos
tandas, revolviendo para integrarla
bien luego de cada adición. Unir la
masa hasta que queda lista
y homogénea, siempre cuiando
de no sobrebatir.

4 Colmar moldes de donuts
previamente engrasados hasta
¾ partes de su capacidad y cocinar
en horno precalentado a 180° C.
durante 15 minutos, hasta que estén
firmes pero no duras.

5 Dejar enfriar y cubrir con
el glaseado y el topping.

TOPPING

Granas

Rellenas de Nutella

Sabor vainilla o chocolate

INGREDIENTES

-200 gr de harina leudante

-40 gr de cacao amargo

(opcional, si se quieren de chocolate)

-1 cdta de canela

-1 cdta de nuez moscada

-130 ml de leche

-50 gr de manteca, pomada

-120 gr de azúcar

-1 huevo

-Nutella o ganache de chocolate,

c/n para rellenar

PREPARACIÓN

1 Combinar la harina, el cacao
(si lo utiliza), la canela y nuez moscada.
Reservar.

2 Batir la leche con la manteca
y azúcar. Agregar el huevo y batir
2 minutos más.

3 Incorporar la preparación del
paso 1 con una cuchara o espátula,
mezclar hasta homogeneizar.
Luego llenar hasta ¾ partes de su
capacidad moldes previamente
engrasados.

4 Cocinar en horno precalentado
a 180° C. durante 15 minutos,
o hasta que la masa quede firme
pero no dura.
Dejar enfriar antes de rellenar.

Se pueden hacer entera o redondas
y cortar o rellenar o con el hoyo
típico de donuts.

CAKE TOWER

Torta torre de donuts

INGREDIENTES

-24 Donuts de 7 cm hechas
en base a la masa de donuts
levadas (página 8) y fritas
y rebozadas en azúcar con
canela (página 94)

TIP

Si es un cumpleaños: disponer una vela
en la cima.
Si es un casamiento: ubicar los muñequi-
tos de torta de bodas sentados o para-
dos en la cima.
Además, se puede glasear con un glasé
real o uno de chocolate en hilos alrededor de la torta armada para darle un
cierre más festivo.

PREPARACIÓN

Utilizar como base una bandeja
de dos o tres pisos y disponer las
donuts una arriba de la otra,
pero no apiladas, sino en pirámides
con dos donuts en la base
y una centrada entre las dos,
y así sucesivamente.
Decorar con flores elegidas,
no necesariamente comestibles,
pero si es época de lindas flores
comestibles pueden usarse,
sino usar flores naturales.
Otra idea original para una torre
de donuts es hacer un "Donut
Croquembouche" a partir de las bolitas
de donuts. Simplemente hay que
cocinar los discos de masa que
descartamos al trazar el hoyo del
centro de las donuts, cubrirlos con
azúcar saborizado o caramelo
y ajustar mediante escarbadientes
a un cono de telgopor de la altura
deseada. El "croquembouche"
se puede decorar con hilos de
caramelo o con flores o apliques
de papel de variados motivos.

TORTA
CON APLIQUES

Deco de Donut

PREPARACIÓN

Hacer tu torta preferida en un molde
de 23 cm y revestirlo por fuera
con merengue italiano, o bien una
pasta de almendras para cubrir tortas.
Luego disponer 30 mini donuts
de 3 cm de diámetro alrededor
de la torta, que estén decoradas
siguiendo el tema principal de la fiesta.
Se puede también utilizar las bolitas
sobrantes de la donuts para hacer
"cake pops" temáticos. Simplemente
hay que cocinar los discos de masa que
descartamos al trazar el hoyo del centro
de las donuts y luego cubrirlos con glasé
teñido con colorante o baño de chocolate.
Para ello, debemos insertar las bolitas
de donut en palitos de chupetín untados
con un poco de dulce de leche en la punta
(esto sirve para que la masa se aferre
al plástico y no se desprenda).
Luego hay que sumergir las cake pops
en un bol con la cobertura deseada y
revolver hast que estén bien cubiertos.

TIP

Si es un cumple infantil hacerlo con donuts ya decoradas con granas de colores y alternar el baño de chocolate con
otras bañadas en dulce de leche.

TORTA ENCASTRE DE DONUTS

PREPARACIÓN

En este caso usamos de base la receta
de donuts horneadas
(ver receta en pág. 14), cocinadas
en diferentes moldes estilo savarín.
Usé moldes nro. 26 para la base
y 24 y 23 hasta los más pequeños
(similares a un molde de flan
individual) para ir haciendo el estilo
encastre, o apilado "como si se
la torta se estuviese cayendo".

Se puede decorar con granas de
colores y darle un toque bien colorido
combinando todos los colores
o elegir un solo color dependiendo
el estilo final que se quiera
dar a la torta.

MESA DULCE

En una mesa dulce de un cumpleaños,
casamiento, aniversario, las donuts
pueden estar presentes. No tienen
restricción de edad y según el estilo
y sabor que le demos se adaptarán
fácilmente a cualquier mesa dulce.
Las donuts son además muy vistosas
y decorativas.

Se pueden usar decorando tortas
(como en la "Torta con apliques"
de pág. 82). O bien colocarlas en
moldecitos o pinchos para dar más
estilo a la mesa.

Otra idea es insertar mini donuts
en las bombillas de alguna bebida
que se sirva en botellas durante
la fiesta, como leches saborizadas, etc.
Se puede utilizar para estas
decoraciones la receta que más
te guste del libro o varias de ellas
combinadas.

DESAYUNO-MERIENDA

Ya sea para regalar en un día especial o bien sin motivo alguno pero queriendo sorprender con alegría a un ser querido, se puede servir un plato con alguna bebida y acompañarlo con esta donut horneada y "alegre".

Para una versión más saludable de este desayuno, apta para niños y adultos, podemos armar pequeñas brochettes de frutas y bolitas de donuts. Para eso, tenemos que cocinar los discos de masa que descartamos al trazar el hoyo de las donuts e intercalarlos en un palillo de brochette con frutos rojos (frutilla, moras, frambuesas) o frutos tropicales (mango, ananá, banana) según la preferencia. Para un desayuno más tardío tipo brunch, podemos usar las donuts horneadas a modo de bagels, cortándolas en mitades para separar dos tapas de sandwich. De acuerdo al sabor principal y al glaseado de las donuts se puede elegir el relleno. Unas donuts clásicas con glaseado cítrico pueden ir bien con fiambres de cerdo cocidos y magros acompañados con frutas, aunque el campo de la experimentación está abierto y la imaginación es el único límite a las combinaciones posibles.

TIP 1
Para los ojitos utilizar cereales y para pintar la boca un glase con colorante rojo.

TIP 2
Se pueden agregar rulos de chocolate como si fuera el pelo de la carita.

TIP 3
Se pueden escribir mensajes circulares con manga pequeñas como feliz día, o buen día!

DÍA DE LOS ENAMORADOS O ANIVERSARIO

Si es el día de los enamorados o un aniversario estas donuts decoradas con elementos alusivos hacen que sea un regalo ideal para ofrecer.

Elegir los colores, rojos, blancos y algún rosa que son los que ayudan a darle el color típico a este acontecimiento. Se puede cortar corazones de un papel tipo cartulina roja y otra blanca e intercalarlos con una cinta o hilo de color.

MINI DONUT CON YOGURT

Servir vasos o frascos de yogurt en un desayuno o merienda y usar la receta de donut que es de yogurt queda genial!

INGREDIENTES

- 10 gr de levadura seca

-4 cdas de leche tibia

-300 gr de harina leudante

-280 gr de azúcar

-2 huevos

-190 gr de yogurt natural sin sabor

(si utilizas alguno de sabor tené en

cuenta de combinar bien el glasé)

-60 gr de manteca

-2 cdtas de extracto de vainilla

GLASÉ DE YOGURT
Ver receta en pág. 103

PREPARACIÓN

1 Mezclar la levadura junto a la leche tibia. Reposar 10 min.

2 En otro bol mezclar la harina junto al azúcar. Reservar.

3 En otro bol distinto mezclar huevos, yogurt, manteca y extracto de vainilla.

4 Incorporar la mezcla de yogurt a los ingredientes secos del paso 1.

5 Ir mezclando hasta que queden ambas preparaciones bien integradas en una mezcla homogénea.

6 Colocar en manga o jarra vertedora y llenar el molde de donuts elegido, previamente rociado con espray antiadherente.

7 Hornear a 180° C. durante 15 minutos, o hasta que la masa quede firme pero no dura.

8 Retirar. Dejar enfriar y glasear.

GUIRNALDA
DE DONUT

Preparar mini donuts de 3 cm de
diámetro (las grandes son más
difíciles de sostener y el hilo se rompe).
Hacerlas de la base del sabor que más
guste. Glasearlas con algún glasé de
página número 100. Pasar una aguja
con hilo de color entrelazando
las donuts entre sí.
Se pueden entrelazar 5, 4, 3, 2
y jugar con botellas para sostenerlas
con el mismo hilo (que las botellas
sean rellenadas con algún peso).

TIP 1

Al momento de servir, es importante no
olvidar retirar las agujas. Solo las usamos
para pasar el hilo a través de las donuts.
Para evitar que alguien las ingiera ac-
cidentalmente o quede en la mesa al
alcance de niños, retirarla inmediatamente luego de concluir la decoración.

TIP 2

Renellá las botellas que sostienen las
donuts con azúcar tonalizado con colorante. El azúcar me sirvió de contrapeso
para sostener las donuts. tambien puede usarse arena u otro material denso
que atraviese la circunferencia del pico
de las botellas.

Combinar los sabores base de la donuts (ya sea sabores básicos, como: vainilla, chocolate, canela; o más exóticos: de maracuyá, mango, etc.) con glaseados de diferentes sabores hace que las donuts tengan mayor versatilidad.

Podemos combinar sabores y matices sin límite haciendo jugar estas ideas para darle un toque especial, novedoso y rico.

CONSEJOS Y PREPARACIÓN BÁSICA DE GLASE

El único secreto de todos los glasés es partir desde el azúcar impalpable y agregar en un bol el líquido sugerido, siempre muy gradualmente, aun cuando parezca que el líquido no será suficiente. Siempre es mejor agregar poco y seguir batiendo rápidamente, solo si al integrar bien la mezcla se siente demasiado seca, se agregará más líquido de a gotitas.

1.Limoncillo glasé: rinde aprox. 1 taza

-2 tazas de azúcar impalpable

-2 cdas de licor llamado lemoncello

-1 cdta de cáscara de limón rallada

2.Matcha Green Glasé: rinde aprox. ½ taza

-2 tazas de azúcar impalpable

-2 cdas de te matcha en polvo en 5 cdas de agua hirviendo dejar infusionar hasta que quede bien concentrado y luego hacer el procedimiento descripto de agregar el líquido al azúcar.

3.Chocolate blanco y cardamomo: rinde aprox. 1 taza

-225 gr de chocolate blanco picado

-¾ taza de azúcar impalpable

-1 cdta de cardamomo molido

-1 cdta de extracto de vainilla

-1/3 taza de crema

En este caso llevar la crema a punto hervor y verterla sobre la mezcla del chocolate junto al azúcar, cardamomo y vainilla. Mezclar y obtener un ganache blanco saborizado.

4.Glasé estilo irlandés: rinde aprox. 1 taza y 1/4

-85 gr de chocolate negro picado

-2 tazas de azúcar impalpable

-¼ taza de licor estilo irlandés (puede ser de sabor)

-2 cdtas de agua

Llevar el licor a punto hervor apagar el fuego y verterlo sobre la mezcla de chocolate, azúcar y agua e integrar la mezcla.

5.Ganache de chocolate amargo: rinde 2 tazas

-225 gr de chocolate amargo picado

-1 taza de azúcar impalpable

-1 taza de crema

-1 cda de manteca

-Opcional 1 cdta de extracto de vainilla

Llevar a hervor la crema con la
manteca y cuando haga ebullición
verterla sobre la mezcla de chocolate,
azúcar y vainilla. Revolver para
integrar y usar.

6.Glasé de queso crema: rinde 2 tazas

-220 gr de queso crema

-Extracto de vainilla 1 cdta

-2 tazas de azúcar impalpable

Recomiendo hacerlo con batidora fija
o de mano, ya que se integra mejor
la mezcla y queda excelente.

7.Glasé de moka: rinde 2 tazas

-220 gr de chocolate amargo

-1 ½ taza de azúcar impalpable

-¾ taza de crema

-2 cdas de café espresso

Llevar a hervor la crema junto al café
y verterla sobre el chocolate y azúcar.
Mezclar y usar.

8.Glasé de mango: rinde 1 taza

-2 cdas de jugo de mango

-1 taza de azúcar impalpable

Mezclar hasta integrar

9.Glasé de yogurt

-1 taza de azúcar impalpable

-4 cdas de yogurt natural sin sabor

Mezclar hasta integrar

10.glasé de menta

-1 taza de azúcar impalpable

-1 puñado de menta fresca

-Agua hirviendo ½ taza

-2 cdas de licor de menta

-Verter el agua hirviendo sobre la menta
y procesar con mixer. Mezclar la pasta
obtenida y usar una cucharada junto
al licor de menta y azúcar impalpable.

11.glasé de jengibre

1 taza de azúcar impalpable

1 cda de jengibre rallado

2 cdas de jugo de jengibre fresco

Mezclar hasta integrar

12.Glasé de coco

-4 cdas de leche de coco

-1 cdta de coco tostado

-1 taza de azúcar impalpable

Mezclar hasta integrar

13.Glasé de apérol (se puede usar otras bebidas espirituosas o brandy)

-2 tazas de azúcar impalpable

-2 cdas de apérol

-1 cdta de jugo de naranja

Mezclar hasta integrar bien

14.Glasé real con colores

Este es más común y básico pero los
colores le dan un toque original.
Se usa azúcar impalpable (250 gr) y
1 clara de huevo o gotitas de jugo de
limón y el color del colorante elegido.

TOPPING PARA TENER EN CUENTA

Los toppings que van arriba de las donuts no sólo le dan un efecto decorativo, sino que también le dan sabor.

Se usan de todo tipo y cada vez hay combinaciones más pretenciosas.

Hay un topping de jamón crudo crocante que se usa en donuts dulces contrastando sabores, o pimienta de cayena con chocolate amargo.

Acá te propongo algunos:

-Castañas. Nueces. Almendras. Avellanas. Pistachos

-Berries o arándanos

-Cascaras de naranja o de limón azucaradas

-Jengibre cristalizado o azucarado

-Cereal de chicos

-Mezcla de Granola o müeslix

-Confites de maní o de chocolate

-Galletitas rotas

-Las granas de colores

-Frutas desecadas

-Chocolate picado blanco o negro

-Caramelos triturados

-Flores o pétalos de flores comestibles

-Confites

-Perlas de colores

-Chips de chocolota

LAS DONUTS EN EL MUNDO. RECOMENDACIONES.

La base en si típica de la donuts es la "masa frita" y este tipo de masa es universal. No es un estilo de masa exclusivo de la preparación de las Donuts. En cada cultura se puede fácilmente encontrar este concepto culinario, con las derivaciones o adaptaciones del caso, que pueden ser costumbristas, culturales, históricas etc... Pero se advierte que las masas fritas es una delicia universal. Existen como **CHURROS** en la cultura latinoamericana y centroamericana, JALEBI es un dulce muy típico de la cocina india y de Pakistán, el **BALUSHAHI** también de la India que se fríe en ghee, **OLIEBOLLEN** de la cocina holandesa son literalmente "bolas de aceite o fritas", TULUMBA, o en Corea las llamadas **CHALKE BAHANG**, mas conocidos **LOS BUÑUELOS FRITOS**, y LAS LLAMADAS **BOLAS DE FRAILE**, como en Grecia las llamadas **LOUKOUMADES** o **LOKMAS** en Turquía, las **ZEPPOLE** en Italia o los **SONHOS** en Portugal. Es una mera descripción de cómo cada cultura tiene en su haber el estilo de masa base frita. Luego le dan diferentes formas, maneras de cocinarse, leudar pero se repiten y están en el mundo.

Recomendados:

En los Estados Unidos existen muchas cadenas dónde comer Donuts, si tienen la posibilidad o quieren humear por la web les recomienda estas;

-Peter Pan Donut & Pastry Shop en Brooklyn, NYC
-Doughnut Valut: Chicago
-Bouchon Bakery: California
-Doughnut Palnt en NYC y se usan insumos orgánicos ¡!
-Fonts en Los Ángeles y son veganas y gluten free y nunca fritas ¡!!
-CHOK: en Barcelona, España
-St. Jhons en Londres en FARRINGDON
-Dominique Ansel con las cronuts en Nyc

GLOSARIO

AZUCAR INTEGRAL

-Azucares: El blanco obtenido de caña de azúcar o de la remolacha azucarera.
-Azúcar impalpable o azúcar flor, o azúcar glasé: es el azúcar reducido a polvo, con algún agregado de almidón o fécula. También llamado: azúcar glass, azúcar flor, azúcar en polvo, azúcar lustre.
-Azúcar moscabado: es obtenido de la caña de azúcar o de la remolacha azucarera y es llamado azúcar crudo, si es muy claro también llamado azúcar demerara. Es más húmedo ya que está cubierto por su propia miel. También llamada: azúcar mascabada, azúcar moscaba, azúcar integral de caña, azúcar sin refinar.
-Dulce de leche: cajeta, manjar, arequipe
frutilla: fresa
-Harina 0000: Es la más recomendada para pastelería, tiene mayor molienda y menos contenido de gluten.
-Harina 000: Es de color menos blanco y es ideal para los productos panificados.
-Harina Leudante: Viene adicionada con una fórmula química de agregado de leudante y sal. En el uso casero o doméstico es útil y práctica.

Receta de harina leudante

Cada 110 gr de harina común llamada 0000 en gastronomía agregar 3 gr de levadura o de polvo de hornear y menos de 1 gr de sal.
-Lemongrass: limoncillo
-Maicena: almidon de maiz
-Manteca: mantequilla
-Maracuyá: fruta de la pasión
-Nectar de agave: savia de la planta de agave o maguey, de uso extendido en Mesoamérica para la preparación de bebidas.
-Nuez moscada: macis
-Palta: aguacate
-Romero: rosmarino
-Vainillas/bizcochos a la cuchara: bizcochos horneados a partir de un batido ligero, aromatizados con vainilla y cubiertos por azúcar.

ÍNDICE

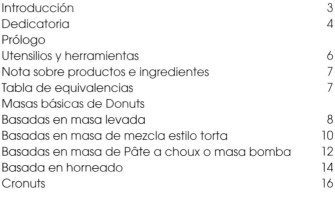

Recetas

Cute

Viñals Ediciones
Agüero 1481, Ciudad de Buenos Aires, Argentina (1425)

Lekerman, Jessica
   Donuts / Jessica Lekerman y Virginia Sar. - 1a ed. -
Ciudad Autónoma de Buenos Aires : Cute Ediciones, 2014.
   112 p. ; 17x24 cm.

   ISBN 978-987-1903-40-5

   1. Gastronomía. 2. Libros de Recetas. 3. Repostería. I. Sar, Virginia II. Título
   CDD 641.86

Fecha de catalogación: 09/04/2014

Director Editorial: Felipe Viñals
Diseño de tapa e interior: www.editopia.com.ar
Fotografía: Virginia Sar

ISBN 978-987-1903-40-5

Hecho el depósito que marca la ley 11.723
Esta primer edición de 4000 ejemplares se terminó de imprimir en abril de 2014 en
Galt Printing, Ciudad de Buenos Aires, Argentina.

Impreso en Argentina.